W0231772

Einsterns Schwester

3

Themenheft 3
Texte planen und schreiben

Herausgegeben von
Roland Bauer, Jutta Maurach

Erarbeitet von
Katrin Baudendistel, Daniela Dreier-Kuzuhara

Dieses Buch gibt es auch auf
www.scook.de

 Es kann dort nach Bestätigung der
Allgemeinen Geschäftsbedingungen
genutzt werden.

Buchcode: **nsnpm-oqqgz**

Inhaltsverzeichnis

Ich bin Lola und ich helfe dir.

So kannst du mit den Heften arbeiten

Du machst alle
Seiten der Lernportion .

Zuerst im
grünen Heft.

Dann im
roten Heft.

Dann im
gelben Heft.

Und dann im
blauen Heft.

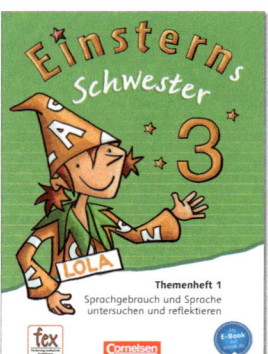
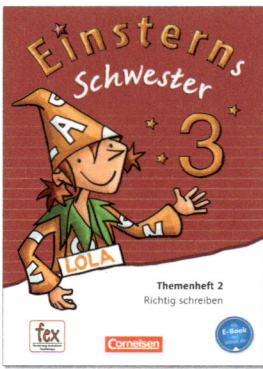

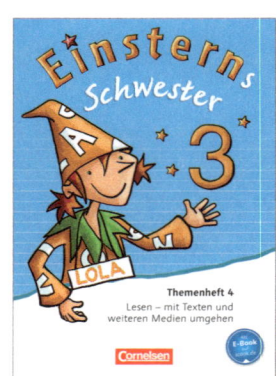

Danach machst du in
allen Heften die Lernportion .

Nun machst du in
allen Heften die Lernportion 3.

Genauso bearbeitest du
alle anderen Lernportionen.

1 Eine Wörtersammlung erstellen

1 Schreibe alle Wörter auf,
die dir zum Thema **Zirkus** einfallen.

Heft 3, S. 5 ①

Wörtersammlungen
helfen beim Schreiben
einer Geschichte.

2 Bitte ein anderes Kind, deine Wörtersammlung zu lesen und zu ergänzen.

3 Überlegt gemeinsam, wie ihr die Wörter ordnen könnt.

1 Oberbegriffe verwenden

1 Ergänze die Mindmap mit deinen Zirkuswörtern.

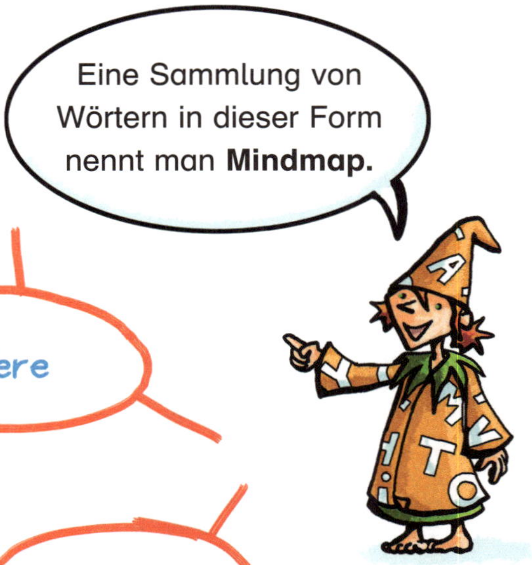
Eine Sammlung von Wörtern in dieser Form nennt man **Mindmap.**

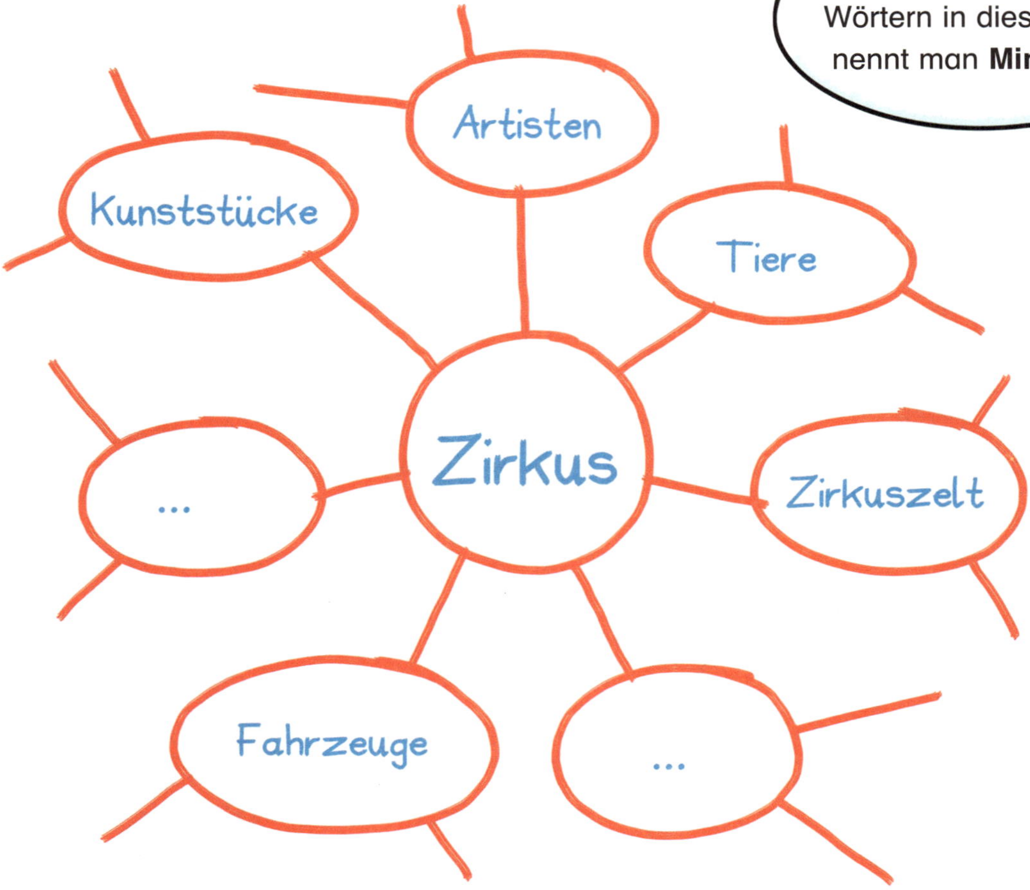
Zirkus
Artisten
Kunststücke
Tiere
Zirkuszelt
...
Fahrzeuge
...

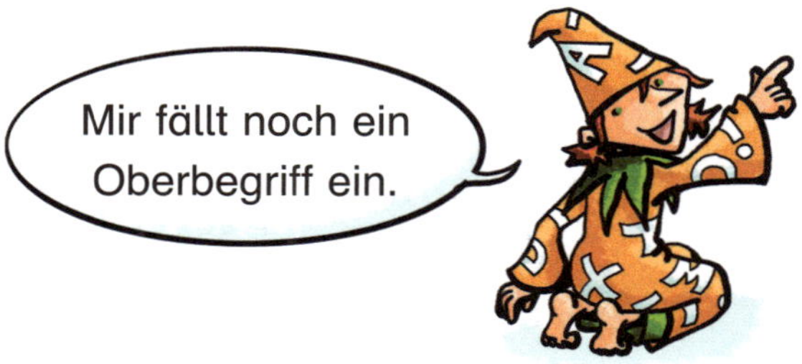
Mir fällt noch ein Oberbegriff ein.

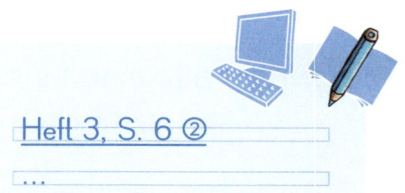

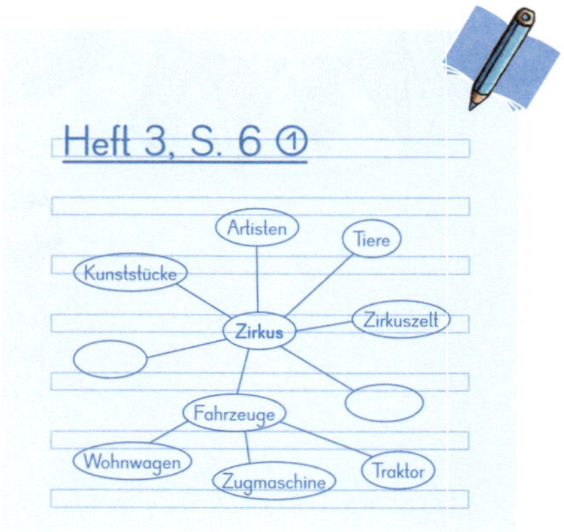
Heft 3, S. 6 ①
Artisten
Tiere
Kunststücke
Zirkus
Zirkuszelt
Fahrzeuge
Wohnwagen
Zugmaschine
Traktor

2 Stell dir vor, du bist ein Zirkuskind.
Schreibe 5 Sätze in dein Heft
oder am Computer.

Heft 3, S. 6 ②
...

→ AH Seite 10

1 Oberbegriffe finden

 1 Findet gemeinsam Oberbegriffe.

Löwen Elefanten Pferde Affen Kamele	Tribüne Arena Sitzplätze Longe Vorzelt	Seiltänzerin Clown Jongleur Trapezkünstler Tierlehrer

2 Schreibe zu einem selbst gewählten Oberbegriff fünf Wörter auf. Lass ein Partnerkind den Oberbegriff finden.

Heft 3, S. 7 ②

Obst

Banane, Ananas, Apfel, Birne, Trauben

3

schwarzer Zylinder
Mikrofon
Ansage
Chef

Zirkusdirektor

Du hast in einer Minute 4 Wörter gefunden. Prima!

1 Sieh dir die Bilder genau an.
Überlege, wer du am liebsten sein würdest.
Schreibe Stichwörter zu deiner Wunschperson.

Heft 3, S. 8 ①
Wunschperson: ...
– ...
– ...

Schreibe
5 Minuten lang
deine Gedanken
auf.

2 Schreibe deine Gedanken zur Wunschperson in Sätzen auf.
Nutze die Stichwörter von Aufgabe **1**.

Heft 3, S. 8 ②
...

3

Ich heiße König Richard.
Ich lebe in einem goldenen Palast.
Ich esse jeden Tag …

So trage ich etwas vor:

1. **Ich stehe auf** und beginne erst, wenn alle **ruhig** sind.

2. **Ich formuliere** einen Anfangssatz.
   Ich möchte euch vorstellen, wie mein Leben
   aussehen würde als …

3. **Ich stelle** meinen Text **vor**.
   Ich **spreche** dabei **langsam**, **laut** und **deutlich**.

4. **Nach jedem Satz** mache ich eine **kurze Pause**.
   Dabei schaue ich den Zuhörern kurz in die Augen.

 ❶ Stelle deine Wunschperson
von Seite 8 vor.

Deine Stichwörter
helfen dir.

 ❷

Du hast nicht
nur vorgelesen.

Sprich bitte
etwas lauter.

Du hast dir
tolle Dinge überlegt.
Nun wäre ich auch gerne
deine Wunschperson.

1 Über das eigene Lernen nachdenken

Ergänze deine erste Lernraupe.

... eine Wörtersammlung erstellen.

... Oberbegriffe finden.

... Stichwörter aufschreiben.

... einen Text vortragen.

...

Ich habe mich gefreut, dass ...

Was hat dir beim Lernen in Lernportion 1 gefallen?

Ich hatte Mühe ...

2 Merkmale eines förmlichen Briefs kennenlernen

1 Lies den Brief. Ordne den Begriffen
die Erklärungen zu.

Heft 3, S. 11 ①
1 Absender – Person, …

---

1 Lola
    Hexengasse 7
    14197 Berlin

                   Berlin, 15. September 2016

2 Firma Bärchen
    Gummibärchenstr. 10
    75132 Süßen

3 **Beschwerde**

4 Sehr geehrte Damen und Herren,

    ich esse sehr gern rote Gummibärchen. Leider befanden sich
    in der letzten Packung fast keine roten Bärchen.
    Ich würde mich sehr freuen, wenn Sie mir eine neue Packung
    schicken könnten. Vielen Dank!

5 Mit freundlichen Grüßen
    Lola

6 PS: Mein Bruder liebt auch Gummibärchen.

---

1 Absender	Ziel, an das ein Brief zugestellt werden soll
2 Anschrift	Grund einer schriftlichen Nachricht
3 Betreff	freundliche Verabschiedung
4 förmliche Anrede	Person, die einen Brief verschickt
5 förmliche Grüße	Nachsatz in einem Brief, der am Schluss steht (Postscriptum)
6 PS:	Anrede einer Person mit Nachnamen oder mit „Sehr geehrte Damen und Herren"

So schreibe ich eine förmliche Nachricht:

1. **Ich überlege**, wem ich eine förmliche Nachricht schreibe.

2. **Ich plane**, was ich schreiben möchte.
   Betreff / Anlass, …

3. **Ich schreibe** eine Nachricht und beachte dabei:
   – den Aufbau

Absender	Ort und Datum
Anschrift	
Betreff	
förmliche Anrede	
Text	
höfliche Grüße	
PS:	

So schreibe ich auch förmliche E-Mails.

   – Ich verwende passende Anredepronomen
   (Sie, Ihr, Ihre, Ihnen, …)

4. **Ich lese** und **verbessere wenn nötig**
   die förmliche Nachricht.

1 Ordne die persönlichen und förmlichen
Anredepronomen richtig zu:

Sie | du | Ihr | dein | ihr

Ihre | euch | dich | Ihrem | dir

Heft 3, S. 12 ①

persönlich	förmlich
du	Sie
…	

2

② Ordne die Betreffzeilen den Nachrichten zu.
Schreibe jeweils die Nummer und
die Betreffzeile in dein Heft.

Heft 3, S. 13 ②
1 – Erlaubnis für ein Klassenfest
...

Flohmarktstand auf dem Marktplatz

Lesenacht in der Schule

Erlaubnis für ein Klassenfest

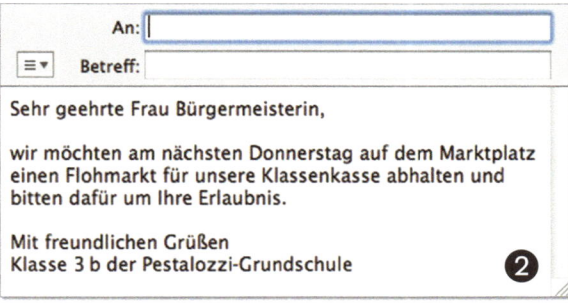

Liebe Frau Bauer,

wir würden gerne mal wieder ein
Klassenfest feiern. Machen Sie mit?

Herzliche Grüße
Ihre 3 a ❶

An: |

≡▾ Betreff:

Sehr geehrte Frau Bürgermeisterin,

wir möchten am nächsten Donnerstag auf dem Marktplatz
einen Flohmarkt für unsere Klassenkasse abhalten und
bitten dafür um Ihre Erlaubnis.

Mit freundlichen Grüßen
Klasse 3 b der Pestalozzi-Grundschule ❷

Lieber Herr Erdokan,

die Klassen 1 bis 4 möchten gerne am Freitag, den 16.09.,
eine Lesenacht in der Schule veranstalten. Bitte schließen
Sie dafür um 18 Uhr die Klassenräume auf.

Viele Grüße vom Organisationsteam ❸

③ Die Kinder möchten mit ihrer Schule
ein Zirkusfest veranstalten.
Dazu müssen sie den Bürgermeister um
Erlaubnis bitten.

Schreibe einen förmlichen Brief oder
eine förmliche E-Mail an den Bürgermeister.

Heft 3, S. 13 ③
Neustadt, den 06.04.20...
Zirkusfest hinter der Stadthalle

Sehr geehrter Herr Bürgermeister,
...

2. Eine förmliche Nachricht überarbeiten

1 Lies mit einem Partnerkind den förmlichen Brief.
Überlegt gemeinsam, was verbessert werden muss.

Klasse 3 b
Schulstr. 9
14197 Berlin

Grundschule Sonnenblume
Rektor Felix Neumann
Schulstr. 9
14197 Berlin

Hallöchen Rektor Felix,

beim Kuchenverkauf haben wir 112 Euro eingenommen.
Wir schlagen dir vor, dies für neue Spielsachen
für die Pausenkiste zu verwenden.
Vielen Dank für Ihre Bemühungen.

Mit freundlichen Grüßen
Klasse 3 b

PS: Wir finden Rollbretter toll.

Der Leitfaden
auf Seite 12
hilft dir.

2 Schreibe den Brief verbessert auf.

Heft 3, S. 14 ②

2. Einen Brief und eine E-Mail vergleichen

 1 Lies gemeinsam mit einem Partnerkind die E-Mail.
Vergleicht die Mail mit einem Brief.
Findet Unterschiede.

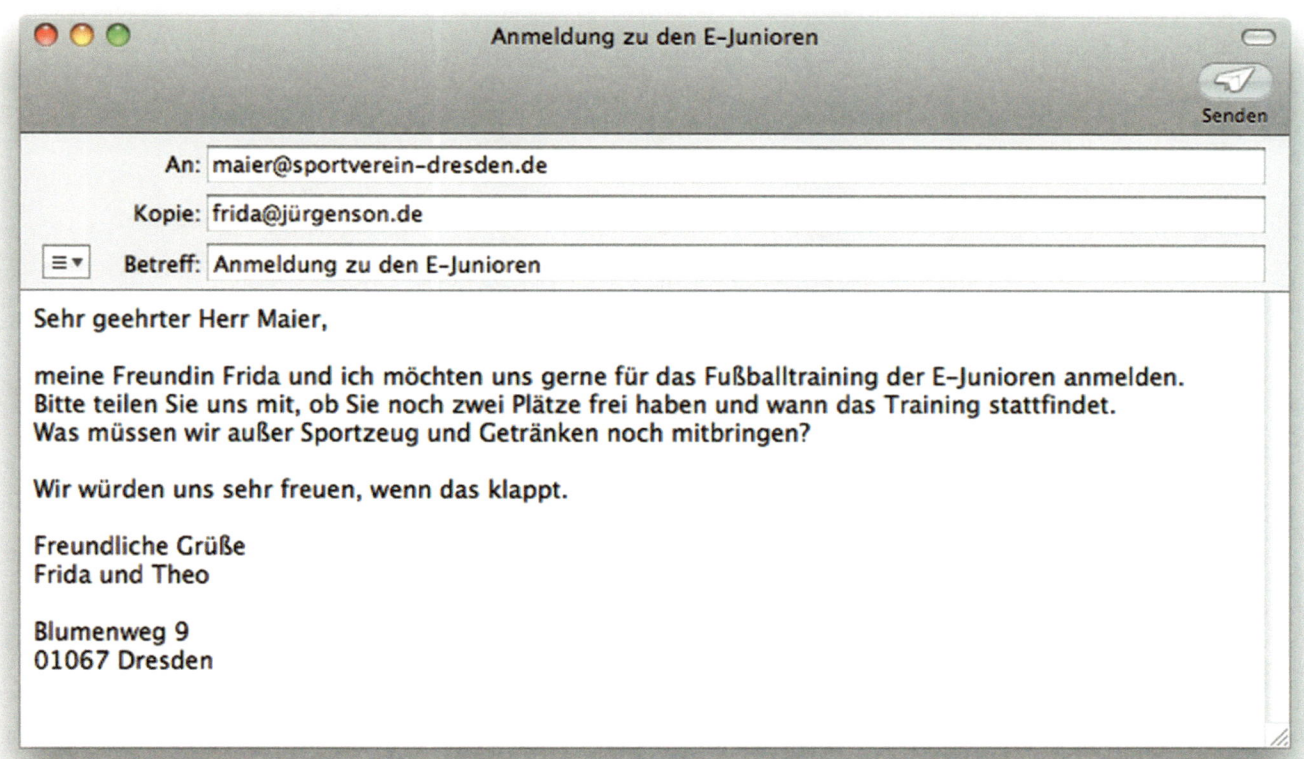

Anmeldung zu den E-Junioren

Senden

An: maier@sportverein-dresden.de

Kopie: frida@jürgenson.de

Betreff: Anmeldung zu den E-Junioren

Sehr geehrter Herr Maier,

meine Freundin Frida und ich möchten uns gerne für das Fußballtraining der E-Junioren anmelden.
Bitte teilen Sie uns mit, ob Sie noch zwei Plätze frei haben und wann das Training stattfindet.
Was müssen wir außer Sportzeug und Getränken noch mitbringen?

Wir würden uns sehr freuen, wenn das klappt.

Freundliche Grüße
Frida und Theo

Blumenweg 9
01067 Dresden

2 Ergänze die Sätze.

| E-Mail-Adresse | Betreff | Brief |

| Ort | Datum | unten |

Heft 3, S. 15 ②
Im Vergleich zu einem Brief
fehlen rechts oben Ort und ...

Im Vergleich zu einem Brief fehlen rechts oben ⬜ und ⬜.

Die Anschrift ist eine ⬜.

Die Adresse des Absenders steht ganz ⬜.

Der ⬜ wird in der Betreffzeile im E-Mail-Kopf eingetragen.

In einer E-Mail werden förmliche Anrede und Verabschiedung

wie bei einem ⬜ verwendet.

Ergänze deine Lernraupe.

… einen förmlichen Brief erkennen.

… eine förmliche Nachricht schreiben.

… einen Brief und eine E-Mail unterscheiden.

…

Ich habe gelernt, zügig zu arbeiten.

Wie schätzt du dein Lerntempo ein?

_____ macht es mir leicht, mich zu konzentrieren.

Eine **Geschichte** besteht aus Einleitung, Hauptteil und Schluss.
Die **Einleitung** beantwortet kurz diese Fragen:
Wer spielt mit? **Wann** spielt die Geschichte? **Wo** spielt sie?
Der **Hauptteil** erzählt ausführlich, **was** passiert.
Im **Schluss** steht knapp, **wie** die **Geschichte endet**.

1 Lies den Text. Finde die Einleitung,
den Hauptteil und den Schluss der Geschichte.
Schreibe die Zeilennummern auf.

Heft 3, S. 17 ①
Einleitung: Zeilen 1 bis ...

Der neue Schüler

Wie jeden Mittwoch in der 1. Stunde hatten wir
Mathematik bei Herrn Werner.
Wir durften in unserem Klassenzimmer
verschiedene Gegenstände wiegen.

5 Da klopfte es.
Eine Frau, ein Junge und ein Hund standen in der Tür.
„Ist das hier die Klasse 3 a?", fragte die Frau.
Herr Werner nickte freundlich. „Ich bringe Ihnen einen neuen Schüler",
sagte die Frau, „meinen Sohn Chan." Chan lächelte schüchtern.

10 „Neben Paul ist ein Platz frei, da kannst du dich hinsetzen",
sprach Herr Werner.
Plötzlich sprang der Hund los und setzte sich auf den freien Stuhl.
Die ganze Klasse lachte.
Die Mutter pfiff nach ihrem Hund und Chan setzte sich lachend

15 auf den frei gewordenen Platz.

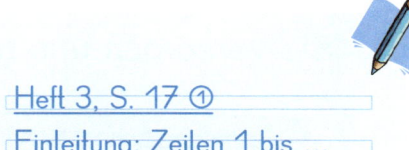

2 Schreibe die Einleitung, den Hauptteil und
den Schluss der Geschichte in Stichwörtern auf.

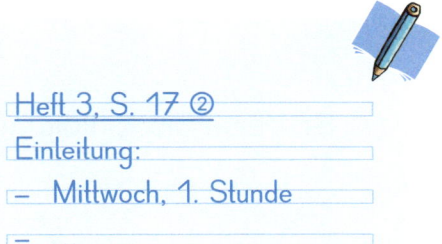

Heft 3, S. 17 ②
Einleitung:
– Mittwoch, 1. Stunde
– ...

3 Eine Einleitung schreiben

1 Lies den Text.
Überprüfe, ob es sich um eine Einleitung handelt.
Schreibe dazu die Fragen **Wer? Wann? Wo?** und
die passenden Antworten in dein Heft.

Meine Oma Susanne wollte ihren Garten-
schuppen am Mühlbach entrümpeln.

Erkan, Alma und ich halfen ihr am Freitag dabei.
Sie versprach uns als Dank ein Eis.

Heft 3, S. 18 ①
Wer? ...
Wann? ...
Wo? ...

2 Überlege, über welches Erlebnis du eine Geschichte schreiben möchtest.

a) Wer spielt in dieser Geschichte mit?

b) Wann spielt die Geschichte?

c) Wo spielt die Geschichte?

3 Schreibe die Einleitung zu deinem Erlebnis auf.

Heft 3, S. 18 ③
...

3 Einen Hauptteil und einen Schluss schreiben

1 Lies die Einleitung der Geschichte.

Rennschwein Rudi Rüssel

Wir haben zu Hause ein Schwein. Ich meine damit nicht meine kleine Schwester, sondern ein richtiges Schwein, das auf den Namen Rudi Rüssel hört. Wie wir zu dem Schwein gekommen sind? Das ist eine lange Geschichte. Zwei Jahre ist das her, da fuhren wir an einem Sonntag aufs Land.
Wir, das sind meine Mutter, mein Vater, meine Schwester Betti, die nur ein Jahr jünger ist als ich, und Zuppi, meine kleine Schwester.

Uwe Timm

2 Schreibe mit Hilfe der Stichworte den Hauptteil auf.

Heft 3, S. 19 ②
...

- Ausflug nach Hörpel
- dort ein Fest im Gasthof
- Tombola
- Hauptpreis: ein Ferkel
- die ganze Familie kauft Lose
- Zuppi gewinnt den Hauptpreis

3 Schreibe einen Schluss für deine Geschichte.

Heft 3, S. 19 ③
...

 **3** **Eine passende Überschrift finden**

> Jede Geschichte hat eine **Überschrift**.
> Sie muss zum Text passen und zum Lesen anregen.

1 Sieh dir gemeinsam mit einem Partnerkind die Fotos an.
Erzählt euch die Geschichte. Überlegt euch einen Schluss.

2 Überlege dir alleine drei Überschriften und
schreibe sie auf.

Heft 3, S. 20 ②

3 Stellt euch gegenseitig eure Überschriften vor und überlegt,
welche euch am besten gefällt. Begründet eure Meinung.

3 Unterschiedliche Satzanfänge nutzen

> Ein Text wird interessanter, wenn die **Satzanfänge unterschiedlich** sind.

1 Schreibe das Erlebnis auf.
Setze passende Satzanfänge ein.

Heft 3, S. 21 ①
Gestern haben …

| Plötzlich | Gestern | Da | Zum Glück |

| Wir | So | Zunächst | Dort | Dann |

Ein Erlebnis im Wald

    haben wir an einem Orientierungslauf teilgenommen.

    trafen wir uns beim Start.

    bekam jedes Team eine Karte.

    fiel der Startschuss.

    standen wir an einer Brücke, die nicht auf der Karte eingezeichnet war.

    hatten uns verlaufen.

    knackte es auf einmal im Unterholz.

    war es ein Streckenposten, der uns weiterhalf.

    haben wir das Ziel noch erreicht.

> Erzähle dein Erlebnis in der richtigen Reihenfolge.

2 Schreibe das Erlebnis in der richtigen Reihenfolge auf. Finde selbst unterschiedliche Satzanfänge.

Heft 3, S. 21 ②
…

    haben wir uns im Zoo in Gruppen aufgeteilt.

    kamen wir müde und zufrieden zu Hause an.

    sollten wir zu bestimmten Tieren Fragen beantworten.

    sind wir mit der Bahn gefahren.

    waren wir zum Schluss auf dem großen Abenteuerspielplatz.

    waren wir mit unserer Klasse im Zoo.

3 Zu einem Erlebnis eine Geschichte schreiben

So schreibe ich eine Erlebnisgeschichte:

1. **Ich überlege**, zu welchem Erlebnis ich eine Geschichte schreibe.

2. **Ich plane** Einleitung, Hauptteil, Schluss und notiere Stichwörter.

3. **Ich schreibe** eine Erlebnisgeschichte und beachte dabei:
   – die Einleitung (Wer? Wann? Wo?)
   – den ausführlichen Hauptteil (Was passiert?)
   – den Schluss (Wie endet die Geschichte?)

4. **Ich lese** die Geschichte noch einmal durch und achte dabei auf abwechslungsreiche Satzanfänge.

5. **Ich überarbeite** die Geschichte.

6. **Ich finde** eine passende Überschrift für die Geschichte.

1 Schreibe mit Hilfe des Leitfadens eine Erlebnisgeschichte.

Heft 3, S. 22 ①

3 Eine Schreibkonferenz durchführen

So bespreche ich Texte in einer Schreibkonferenz:

1. Ich überlege, mit wem ich meinen Text besprechen möchte, und suche mir drei Kinder.

2. Ich verteile die Aufgaben:

Der Verständnisexperte:
Habe ich alles verstanden?
Kann ich die Geschichte mit eigenen Worten wiedergeben?

Der Aufbauexperte:
Sind in der Einleitung die Fragen Wer? Wann? Wo? beantwortet?
Ist der Hauptteil ausführlich und interessant?
Rundet der Schluss die Geschichte ab?

Der Ausdrucksexperte:
Waren die Sätze zu lang?
Waren die Satzanfänge abwechslungsreich?

3. Ich lese meinen Text den anderen Kindern (mehrmals) vor.

4. Ich erhalte von den anderen Kindern Hinweise.

5. Ich überarbeite meine Geschichte.
Die Hinweise der anderen Kinder
können mir dabei helfen.

1 Besprich in einer Schreibkonferenz deine Erlebnisgeschichte.

Ergänze deine Lernraupe.

… den Aufbau einer Geschichte erkennen.

… eine Einleitung schreiben.

… einen Hauptteil und einen Schluss schreiben.

… eine passende Überschrift finden.

… unterschiedliche Satzanfänge nutzen.

… zu einem Erlebnis eine Geschichte schreiben.

… eine Schreibkonferenz durchführen.

Zuerst hatte ich bei Aufgabe … ein Problem. Dann …

Wie hast du mit anderen Kindern zusammengearbeitet?

Wenn mir etwas schwerfällt, …

4 Eine Person genau beschreiben

1 Ergänze in Tims Beschreibung die passenden Adjektive.
Nutze auch die Anregungen im Wortkasten.

Heft 3, S. 25 ①
Auf dem Kopf hat
es eine … Kappe.
…

gepunktet ✭

blond ✭ gelockt ✭

geringelt ✭ kurz ✭

lang ✭ bunt ✭

abgewetzt ✭

knallrot ✭

frühlingsgrün ✭

beige ✭ gestreift

Welches Kind ist gemeint?

Auf dem Kopf hat es eine Kappe. Das Kind trägt eine Jacke, eine Hose und Schuhe. In der Hand hält es ein Seil.

 2 Lies deinen Text einem Partnerkind vor.
Wenn es auf das richtige Kind zeigt,
hast du es genau beschrieben.

Adjektive beschreiben genauer.

 3 Beschreibe ein Kind aus der Abbildung genau.
Wenn dein Partnerkind auf das richtige Kind zeigt,
hast du es genau beschrieben.

4 Treffende Wörter zuordnen

1 Ordne den Personen die passende Beschreibung zu.

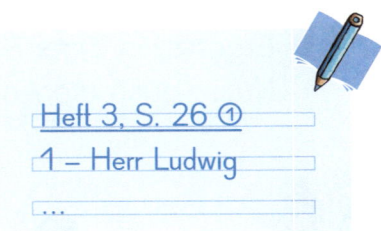

Heft 3, S. 26 ①
1 – Herr Ludwig
...

Frau Wandel
runder Kopf, braune Haare, Mittelscheitel,
langer, geflochtener Zopf, geschwungene
Augenbrauen, große blaue Augen, schiefe Nase,
lange, hängende Ohrringe, Grübchen an den
Wangen, geschwungene, runde Lippen

Herr Ludwig
ovaler Kopf, spitzes Kinn, Halbglatze mit
blonden Haaren, langer Zwirbelbart,
große grüne Augen, dünne Augenbrauen,
anliegende Ohren, kleine Nase, volle Lippen

Herr von Hotzenbach
eckiger Kopf, kurze, lockige rote Haare,
engstehende braune Augen, buschige Augenbrauen, große Knollennase, schiefer Mund,
schmale Lippen, abstehende Ohren

Frau Dürr
länglicher Kopf, schulterlange, zerzauste
schwarze Haare, schmale braune Augen,
dünne Augenbrauen, Stupsnase, breiter Mund,
schmale Lippen, rote Wangen, Sommersprossen

2 Ordne die Wörter richtig zu.

Kleidung	Gestalt/Körperbau	Besonderheiten

Heft 3, S. 26 ②
Kleidung: gestreift, ...

schlank ✿ gestreift ✿ Zahnlücke ✿ zierlich ✿
sportlich ✿ Grübchen ✿ einfarbig ✿ muskulös ✿
Narbe ✿ gepunktet ✿ korpulent ✿ Muttermal ✿
geringelt ✿ mollig ✿ Tätowierung ✿ gemustert ✿
kariert ✿ X-Beine ✿ bunt

4 Beschreibungen überarbeiten

1 Lies den Steckbrief.
Beschreibe Lotta in Sätzen.

Heft 3, S. 27 ①
...

Name:	Lotta
Alter:	9 Jahre
Gestalt:	mollig, klein
Kopf:	rund
Haare:	Mittelscheitel, lange braune Haare, zwei Zöpfe
Augen:	grün, mandelförmig
Nase:	kleine Stupsnase
Kleidung:	blaues Kleid mit roten Punkten, rote Strumpfhose, blaue Sandalen
Besondere Kennzeichen:	Sommersprossen, grüne Brille

2 Lies die Personenbeschreibung.
Überarbeite sie und beschreibe den Mann genau.
Sieh dir dazu auch das Bild an und
ergänze passende Adjektive.

Heft 3, S. 27 ②
Der gesuchte Mann ...

Fahrraddieb gesucht

Gestern Nacht wurden mehrere Fahrräder gestohlen.
Eine Zeugin konnte einen Mann näher beschreiben.

Der Mann ist mittelalt.
Er ist ca. 1,80 m groß und sportlich.
Die Person hat ein rundes Gesicht.
Er hat braune Haare und einen Bart.
Seine Nase und seine Augen sind groß.
Er trägt ein T-Shirt, eine Hose und blaue Schuhe.

Sachdienliche Hinweise erbittet
die Polizeidienststelle 5 in Neustadt.

4 Eine Personenbeschreibung schreiben

So schreibe ich eine Personenbeschreibung:

1. **Ich überlege**, welche Person ich beschreiben möchte.

2. **Ich sehe genau hin** und notiere Stichwörter.

3. Ich schreibe eine Personenbeschreibung und verwende:
   – möglichst viele Merkmale
     Größe, Alter, Gestalt, Kopf, Kleidung, Schuhe
   – treffende Wörter zur genauen Beschreibung
   – abwechslungsreiche Satzanfänge
     Er ..., Sie ..., Außerdem ..., Um ..., Sein ..., Die ..., Ihr ...

4. **Ich lese** die Personenbeschreibung noch einmal durch und achte dabei auf treffende Wörter.

5. **Ich überarbeite** die Personenbeschreibung.

Hübsches, schlankes Mädchen,
spitzer Buchstabenhut,
rote Haare mit zwei Zöpfen,
kleine grüne Augen,
spitze Nase, kleiner Mund,
Buchstabenkleid mit grünem Kragen,
barfuß ...

1 Beschreibe ein Kind aus deiner Klasse ausführlich.
Schreibe auf ein Blatt Papier. Daraus soll ein Personenrätsel werden.
Nenne deshalb nicht den Namen des Kindes.

3 Wähle eine Personenbeschreibung aus.
Male dazu und hänge das Bild unter die Beschreibung.

4 Schreibe Verbesserungsvorschläge auf Kärtchen.
Befestige diese unter der entsprechenden Personenbeschreibung.

Ergänze deine Lernraupe.

… eine Person genau beschreiben.

… treffende Wörter zuordnen.

… Beschreibungen überarbeiten.

… eine Personenbeschreibung schreiben.

…

Ich finde, ich habe mich im Schreiben verbessert.

Wie sorgfältig hast du gearbeitet?

Mein Freund und ich haben uns beim Schreiben gegenseitig angespornt.

5. Die richtige Zeitform wählen

> Ich wähle die **Vergangenheitsform,** wenn ich eine Geschichte über ein **vergangenes Erlebnis** erzähle oder aufschreibe.

1 Erzähle einem Partnerkind ein Pausenerlebnis in der Vergangenheitsform. Dein Partnerkind erzählt anschließend das Pausenerlebnis mit eigenen Worten nach.

2 Schreibe das Pausenerlebnis in der Vergangenheitsform ab. Unterstreiche die Verben.

Heft 3, S. 31 ②
Unfall auf dem Pausenhof – so war es
Lena zog …
…

Unfall auf dem Pausenhof – so ist es

Lena zieht an einem Seil einen Rollwagen, auf dem Mike sitzt.

Sie rennt sehr schnell. Da prallt der Wagen an den Stamm der dicken Eiche. Mike knallt an den Baum und fällt auf den Boden. Seine Nase blutet stark und er weint laut. Mike kommt zwei Wochen nicht in die Schule, denn seine Nase ist gebrochen und er hat eine Gehirnerschütterung.

5 Eine Nacherzählung schreiben

So schreibe ich eine Nacherzählung:

1. **Ich passe genau auf**, wie die Geschichte verläuft.

2. **Ich notiere** Stichwörter.

3. **Ich schreibe** mit Hilfe der **Stichwörter** eine Nacherzählung und achte darauf:
   - in der Einleitung alle W-Fragen aufzugreifen
   - nur das Wichtigste zu erzählen, nichts zu erfinden
   - die richtige Reihenfolge einzuhalten
   - die Vergangenheitsform zu verwenden
   - unterschiedliche Satzanfänge zu verwenden

4. **Ich lese** die Nacherzählung noch einmal durch und achte dabei auf die Vergangenheitsform und abwechslungsreiche Satzanfänge.

5. **Ich überarbeite** die Nacherzählung.

Schreibe zum Schluss den letzten Satz ab. So kannst du prüfen, ob du richtig nacherzählt hast.

1 Lies die Geschichte auf der folgenden Seite. Kläre unbekannte Wörter und notiere Stichwörter.

Heft 3, S. 32 ①

5.

Ein buntes Land

Kokokaka war ein Land hinter den Bergen.
Dort lebten die Pumpus schon seit tausend
Jahren. Zu allen Zeiten gab es große und kleine,
dicke und dünne, kluge und dumme Pumpus. Doch so unterschiedlich
5 sie auch waren, eines hatten alle Pumpus gemeinsam: ein blaues Fell.

Bis eines Tages das erste Pumpu mit einem roten Fell geboren wurde.
Seine Eltern erschraken sehr, als sie ihr rotes Kind sahen. Sie wuschen und
schrubbten es immer wieder, aber das Fell ihres Kindes blieb rot. „Ich habe es
trotzdem lieb", sagte die Mutter. Der Vater nickte. „Hauptsache, es ist gesund
10 und wird glücklich."
Gesund war das rote Pumpu, aber richtig glücklich nicht. Denn obwohl seine
Eltern es lieb hatten und die meisten Pumpus nett zu ihm waren, spürte das
rote Pumpu, dass es anders war. Und manchmal war es deswegen traurig.
Einmal meinte ein großes Pumpu: „Ich wünsche mir schon lange ein grünes
15 Fell. Nur habe ich mich bisher nie getraut, das zu sagen." Das große Pumpu
füllte einen Bottich mit Wasser, sammelte verschiedene Kräuter und warf
sie hinein. Bald färbte sich das Wasser grün und das große Pumpu stieg
in den Bottich. Und es dauerte nicht lange, bis ein grünes Pumpu aus dem
Bottich stieg. Es schaute an sich hinunter und strahlte. Auch andere färbten
20 in den nächsten Wochen ihr Fell und bald gab es Pumpus in vielen Farben.
Zwischen den vielen farbigen Pumpus fühlte sich das rote Pumpu endlich
wohl und war nun sehr glücklich.

Manfred Mai

2 Erzähle den Inhalt des Textes mit Hilfe deiner Stichwörter einem Partnerkind.

3 Schreibe mit Hilfe des Leitfadens eine Nacherzählung.

Heft 3, S. 33 ③

…

5 Eine Geschichte nachspielen

 1 Suche dir 4 andere Kinder, mit denen du die Geschichte auf Seite 33 spielen willst.

a) Lest gemeinsam die Geschichte nochmals durch.

b) Verteilt die Rollen:
ein Erzähler, Mutter Pumpu, Vater Pumpu, rotes Pumpu, großes Pumpu

c) Überlegt gemeinsam:

Was sagen die Personen?
– der Erzähler liest vor
– Mutter Pumpu bei der Geburt des roten Pumpus
– Vater Pumpu
– …

Was tun die Personen (= Handlungen und Gesten)
und welche Gefühle zeigen sie?
– Eltern erschrecken (Hand vor dem Mund …)
– Vater füllt Eimer mit Wasser, um rotes Pumpu zu schrubben …
– …

 2 Übt die Geschichte und das Vorspiel.

3 Spielt die Geschichte eurer Klasse vor.

5 Nacherzählungen beurteilen

1 Lies die Geschichte.

Allein zu Hause

Gestern Abend gingen meine Eltern ins Kino, und ich war das erste
Mal allein zu Hause. Ich sah mir noch eine Zeichentrickserie an,
die bis 20 Uhr dauerte, und dann ging ich ins Bett. Ich war gerade
am Einschlafen, da hörte ich plötzlich ein leichtes Kratzen am Rollladen.
Sofort war ich wieder hellwach. Ich hatte schreckliche Angst.
Dann hörte ich ein „Miau" und wusste, dass es nur unser Kater Kasimir
war. Nun schlief ich beruhigt ein.

2 Drei Kinder haben die Geschichte nacherzählt.
Beurteile jede der drei Nacherzählungen mit
mindestens einem Satz.

Heft 3, S. 35 ②

> Gestern Abend schlief ich
> vor dem Fernseher ein. Plötzlich
> erwachte ich von einem leichten
> Kratzen am Rollladen.

Timo

> Gestern machten meine Eltern
> einen Kinobesuch und ließen mich allein.
> Bis zwanzig Uhr sah ich eine Serie, dann ging ich
> in mein Bett. Kurz vor dem Einschlafen hörte ich
> plötzlich ein leichtes Kratzen am Rollladen.
> Ich hatte Angst. Zum Glück war es nur
> unser Kater, so dass ich beruhigt
> einschlief.

> Gestern Abend war ich allein
> zu Hause. Ich setzte mich mit Keksen
> vor den Fernsehapparat. Meine Zeichentrickserie
> fand ich super, und ich schaute besonders lang,
> da meine Eltern nicht da waren. Plötzlich hörte
> ich ein lautes Krachen am Rollladen.
> Meine Katze hat wahrscheinlich
> einen Vogel gefangen.

Nele

Jinan

5 Über das eigene Lernen nachdenken

Ergänze deine Lernraupe.

… die richtige Zeitform verwenden.

… eine Nacherzählung schreiben.

… eine Geschichte nachspielen.

… Nacherzählungen beurteilen.

…

Ich fand den Test …

Wie schätzt du deinen Lernerfolg ein?

Meine große Stärke ist es, …

6 Mit Reizwörtern eine Geschichte erzählen

> **Wörter und Bilder** reizen zum **Erzählen**.

1 Zeichne zu jedem Wort ein kleines Bild.

| Kind | Rakete | Mülltonne |

Heft 3, S. 37 ①

...

2 Überlege, was die drei Reizwörter miteinander
zu tun haben könnten.
Schreibe eine kurze Geschichte.

Heft 3, S. 37 ②

...

 **3**

6. Reizwortgeschichten beurteilen

1 Lies die zwei Reizwortgeschichten von Lisa und Tim.

| Abend | Handy | Aprilscherz |

Lisa

Am Sonntag war der erste April. Am Abend rief ich mit
dem Handy meinen Onkel an. Dann rief ich: „Miau" ins Handy.
Dann legte ich wieder auf. Dann lachte ich laut los.
Dann dachte ich: „Was für ein lustiger Aprilscherz."
Dann ging ich ins Bett.

Tim

Am Sonntag gegen Abend war ich allein zu Hause.
Ich wollte gerade ins Bett gehen, da klingelte das Handy.
Ich ging dran und hörte eine flüsternde Stimme: „Geh nicht
in dein Bett!" Mir wurde ganz mulmig und ich war wie erstarrt.
Als nach fünf Minuten das Handy wieder läutete, wollte ich
erst gar nicht drangehen. Doch meine Neugier war groß.
Diesmal sagte die Stimme: „Geh nicht in dein Bett!
Darin könnte sich ein Aprilscherz verstecken."
Am lauten Lachen erkannte ich meine Freundin Tosca.
Nun mussten wir beide lachen.

2 Beide Geschichten wurden mit den gleichen
Reizwörtern geschrieben.
Gib Lisa und Tim eine Rückmeldung.

Heft 3, S. 38 ②
Lisa: Deine Geschichte ...

6 Wortfelder nutzen: sagen

1 Schreibe alle Wörter für **sagen** in der Grundform auf.

Hauchte, wetterte, sprach, brüllte

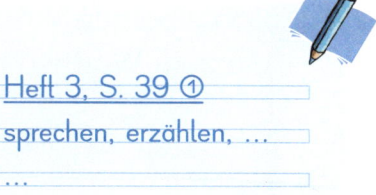
Heft 3, S. 39 ①
sprechen, erzählen, …
…

Gestern Abend sprach er.

Es war schon dunkel, erzählte er.

Wollte ich zu meinem Schwager, berichtete er.

Aber in dem Fliederbusch vor seinem Haus, raunte er.

Sah ich etwas glühen, zischte er.

Zwei grüne Augen, keuchte er.

Da lauerte ein Gespenst, schrie er.

Ich – , stieß er hervor.

Auf und davon wie der Blitz!, gestand er.

Da hättest du auch Angst gehabt, behauptete er.

Nun haben sie ohne mich Geburtstag gefeiert, jammerte er.

Es war bestimmt sehr lustig, schluchzte er.

Aber das nächste Mal, knurrte er.

Nehme ich einen Prügel mit, drohte er.

Und dann haue ich es windelweich, verkündete er.

Dieses freche, böse, hinterhältige, gemeine …, brüllte er.

Hoffentlich hat es das nicht gehört, hauchte er.

Aber untertags schläft es, versicherte er.

Wahrscheinlich, meinte er.

Dieses verdammte Gespenst, wetterte er.

Oder war es eine Katze?, fragte er.

Das kann gut sein, sagte ich.

Josef Guggenmos

2

Bald sind Ferien.

jubeln · schluchzen · schreien · Bald sind Ferien. · keuchen · hauchen · flüstern · fragen · …

6 Wortfelder nutzen: gehen

1 Schreibe alle Wörter aus dem Text auf, die zum Wortfeld **gehen** gehören.

Heft 3, S. 40 ①
sie kommt, sie trödelt, …
…

Auf dem kürzesten Weg

Kims Mutter möchte, dass Kim nach der Schule direkt nach Hause kommt und nicht trödelt.

Obwohl Kim sonst sehr gerne bummelt, will sie Mamas Wunsch erfüllen. Nach der letzen Stunde verlässt Kim die Schule. Sie läuft nicht wie gewohnt durch den Vorderausgang. Kim rennt hinter der Schule über den Bolzplatz, geht die Böschung hinauf und kriecht oben durch das dichte Gebüsch. Vor ihr liegen viele kleine Gärten. Vorsichtig stelzt Kim über Blumenbeete, kniehohe Zäune, Salate und Kohlköpfe. Sie klettert über eine leere Hundehütte. Sie überquert eine Straße.

Werner Färber

> Treffende Verben machen die Geschichte spannender.

2 Lies den Text. Ersetze das Wort **gehen** durch ein passendes Wort. Die Wörter im Kasten helfen dir.

Heft 3, S. 40 ②
Als Tim und ich …
…

Als Tim und ich heute Abend nach Hause gehen, ist es schon dunkel. Wir gehen durch die Müllerstraße. Dort steht ein unbewohntes Haus. Die Haustür ist offen. Neugierig gehen wir zur Tür. Wir gehen in das Haus hinein, weil wir ein Geräusch hören. Was ist das? Eine Maus geht vorbei. Sie geht in den Keller. Plötzlich hören wir Schritte. Ein Mensch geht zur Haustür und öffnet sie. Was nun?

> wandern ✦ laufen ✦
> schlurfen ✦ hüpfen ✦
> schleichen ✦ eilen ✦
> tapsen ✦ hasten ✦
> hinken ✦ trödeln ✦
> huschen ✦ flitzen

6 Eine Reizwortgeschichte schreiben

So schreibe ich eine Reizwortgeschichte:

1. **Ich lese** die Reizwörter und stelle sie mir bildlich vor.

2. **Ich plane** eine Geschichte, in der die Wörter eine wichtige Rolle spielen.
   Welche Personen/Gegenstände kommen vor?

3. **Ich schreibe** mit Hilfe der **Reizwörter** eine Geschichte und achte darauf:
   – in der Einleitung alle W-Fragen aufzugreifen
   – ausführlich den Hauptteil zu erzählen
   – die wörtliche Rede (Was sagen die Personen?) zu verwenden
   – abwechslungsreiche Wörter zu benutzen (Wortfelder)
   – einen passenden Schluss zu verfassen
   – unterschiedliche Satzanfänge zu verwenden

4. **Ich lese** die Reizwortgeschichte noch einmal und achte dabei auf die wörtliche Rede und abwechslungsreiche Wörter.

5. **Ich überarbeite** die Reizwortgeschichte.

schreien
plappern
flüstern
rufen
meinen

① Schreibe eine Reizwortgeschichte. Wähle aus:

Spielplatz	Tier	Schreck

Geburtstagsfeier	Torte	Salz

Heft 3, S. 41 ①
...

Ergänze deine Lernraupe.

… mit Reizwörtern eine Geschichte schreiben.

… Reizwort-geschichten beurteilen.

… Wortfelder nutzen: sagen, gehen.

…

Ich kam so schnell voran, weil …

Was hat dir beim Lernen geholfen?

Bei … hatte ich ein Problem. Aber …

7 Eine Handlung beschreiben

1 Schreibe die Anleitung zum Zähneputzen in der richtigen Reihenfolge auf.
Ergänze unterschiedliche Satzanfänge.

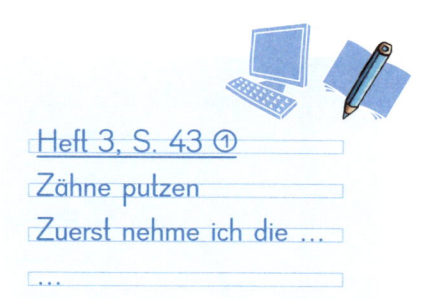

Heft 3, S. 43 ①
Zähne putzen
Zuerst nehme ich die …
…

| Zuerst | Zum Schluss | Dann |

| Danach | Als Nächstes | Dabei |

Zähne putzen

☐ drücke ich die Zahnpasta auf die Bürste.

☐ spüle ich den Mund aus.

☐ nehme ich die Zahnbürste und mache sie unter dem Wasserhahn nass.

☐ reinige ich die Zahnbürste unter fließendem Wasser.

☐ putze ich zwei Minuten lang die Zähne mit kreisenden Bewegungen.

☐ gehe ich in dieser Reihenfolge vor: Innenseiten, Außenseiten, Kauflächen.

2 Schreibe eine Anleitung zum Haarewaschen.
Die Bilder und die Wörter helfen dir.
Achte auf unterschiedliche Satzanfänge.

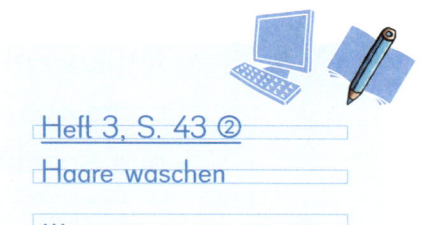

Heft 3, S. 43 ②
Haare waschen
…

Haare waschen

| Duschbrause | walnussgroße Menge | einschäumen |

| warmes Wasser | Shampoo | Augen schließen | ausspülen |

7. Eine Anleitung schreiben

So schreibe ich eine Anleitung:

1. **Ich überlege**, welche Handlung ich beschreiben möchte.

2. **Ich plane**, welche Schritte ich durchführe, und notiere Stichwörter.

3. **Ich schreibe** mit Hilfe der Stichwörter **eine Anleitung** und beachte:
   – Überschrift (Welche Handlung wird beschrieben?)
   – Einleitung (Welche Gegenstände / Zutaten werden benötigt?)
   – Hauptteil (richtige Reihenfolge, treffende Wörter / Fachbegriffe)
   – Schluss (beschreibt das Ergebnis)
   – Zeitform Gegenwart
   – abwechslungsreiche Satzanfänge

4. **Ich lese** die Anleitung noch einmal und achte dabei auf die Reihenfolge und darauf, ob alle Schritte verständlich beschrieben wurden.

5. **Ich überarbeite** die Anleitung.

  1

Zuerst …
Danach …

Hände waschen

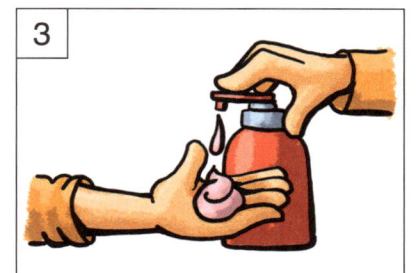

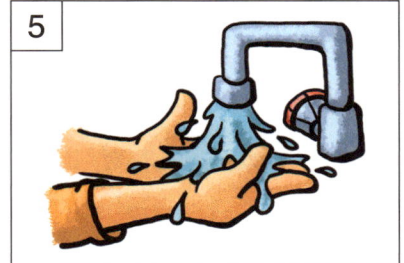

2 Schreibe mit Hilfe der Bilder und des Leitfadens eine Anleitung.

Anleitungen stehen auch oft in der man-Form. Man nimmt zuerst …

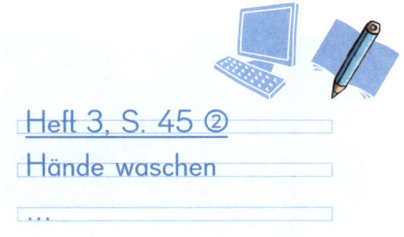

Heft 3, S. 45 ②

Hände waschen

…

3 Besprich deine Anleitung in einer Schreibkonferenz wie auf Seite 23 beschrieben.

Ich habe noch eine Frage zu …

Ich achte auf die Satzanfänge.

Ich achte auf die richtige Zeitform!

Verständnisexpertin

Aufbauexpertin

Ausdrucksexperte

1 Ordne die Beschreibungen den Bildern zu.
Die richtige Zuordnung verrät dir den Namen des Gerichts.

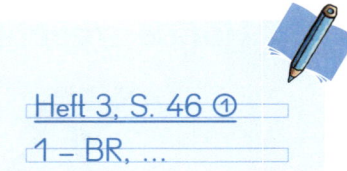
Heft 3, S. 46 ①
1 – BR, …

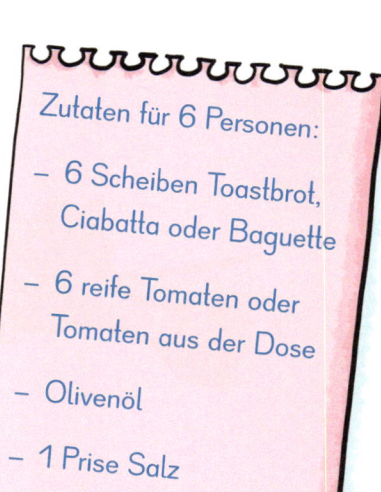

Zutaten für 6 Personen:

– 6 Scheiben Toastbrot, Ciabatta oder Baguette

– 6 reife Tomaten oder Tomaten aus der Dose

– Olivenöl

– 1 Prise Salz

– 2–3 Knoblauchzehen

– Basilikum

T	Mischung auf Brote verteilen		US	Olivenöl auf das getoastete Brot träufeln
ET	Tomaten mit Salz und Knoblauch vermischen		BR	Brot toasten
A	mit Basilikum verzieren		CH	Tomaten und Knoblauch in Würfel schneiden

2 Schreibe die Anleitung in ganzen Sätzen auf.
Achte auf unterschiedliche Satzanfänge.

Heft 3, S. 46 ②
Zuerst …

Zu einem Kochrezept gehört
eine Zutatenliste mit Mengenangaben.
Und ich brauche eine Anleitung dafür,
wie ich das Gericht zubereiten
und kochen muss.

7 Ein Kochrezept schreiben

1 Lies die E-Mail.
Suche alle Zutaten für Rosmarinkartoffeln und
schreibe eine Zutatenliste.

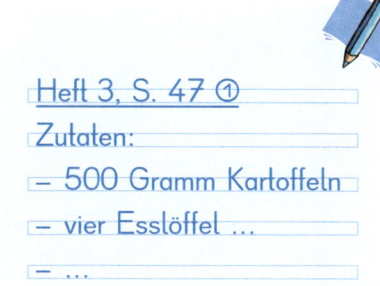

Hinweise wie
„nicht in den Finger schneiden"
gehören nicht in ein
Kochrezept.

Heft 3, S. 47 ①
Zutaten:
– 500 Gramm Kartoffeln
– vier Esslöffel ...
– ...

Rosmarinkartoffeln

An: Kevin

Betreff: Rosmarinkartoffeln

Von: Signatur: Ohne

Lieber Kevin,

am letzten Wochenende hast du die leckeren Kartoffeln bei mir gegessen und
nun habe ich endlich die Zeit gefunden, dir das Rezept aufzuschreiben.
Du brauchst für vier Personen: 500 Gramm Kartoffeln, vier Esslöffel Olivenöl,
vier Esslöffel klein gehackten Rosmarin, Salz und Pfeffer zum Würzen.
Zuerst musst du die Kartoffeln mit einem Gemüsebürstchen gut abschrubben,
bis die Erdreste weg sind und die Haut ganz hell ist. Dann schneidest du die Kartoffeln
auf einem Brettchen in Scheiben, zirka einen halben Zentimeter dick. Pass auf,
dass du dir nicht in die Finger schneidest. Nun streichst du das Olivenöl auf ein
Backblech, bis der Boden bedeckt ist. Danach verteilst du die Kartoffeln auf dem Blech.
Jetzt kommt der zerkleinerte Rosmarin auf die Kartoffeln. Zum Schluss würzt du
mit Salz und Pfeffer. Nimm lieber zu wenig als zu viel, nachwürzen kannst du
auf dem Teller immer noch. Nun im Backofen 20 Minuten bei 200 °C backen lassen.

Na, dann lass es dir schmecken

dein Onkel Gustav

2 Lies die E-Mail.
Schreibe die Anleitung für
Rosmarinkartoffeln auf.
Achte auf unterschiedliche Satzanfänge.

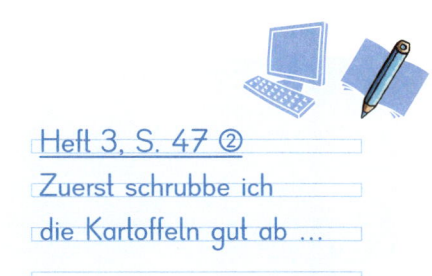

Heft 3, S. 47 ②
Zuerst schrubbe ich
die Kartoffeln gut ab ...
...

1

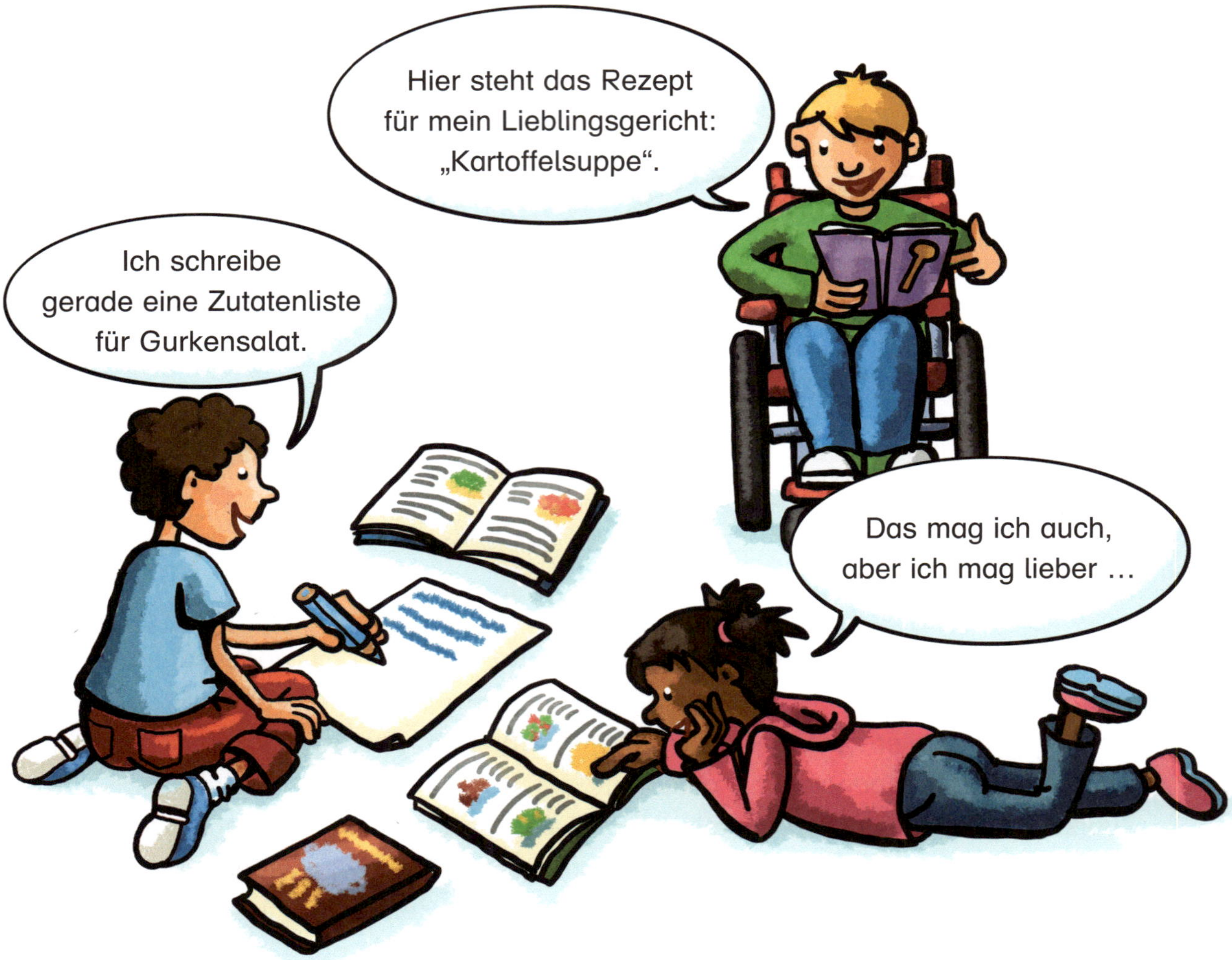

 2

 a) Schreibe mit Hilfe des Leitfadens und der Kochbücher eine Anleitung für dein Lieblingsgericht.

b) Male ein Bild zu deinem Lieblingsgericht.

 3 Sammelt eure Rezepte in einem Klassen-Kochbuch.

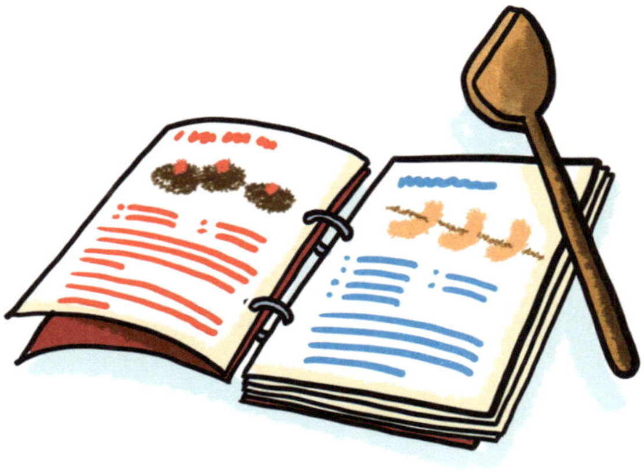

7 Über das eigene Lernen nachdenken

Ergänze deine Lernraupe.

... eine Handlung beschreiben.

... eine Anleitung schreiben.

... eine Kochanleitung ordnen.

... ein Kochrezept schreiben.

...

Die Aufgaben waren für mich gut, weil ...

Was wünschst du dir für dein Lernen?

Diese Aufgabe mochte ich am wenigsten, weil ...

Das **Haiku** ist eine **japanische Gedichtform.**
Haiku-Gedichte **handeln von der Natur,** von den Jahreszeiten,
von den Elementen Feuer, Wasser, Luft, Erde
und von den Beziehungen einer Person dazu.
Im Japanischen haben Haikus eine **feste Silbenzahl.**
Die drei Verse enthalten 17 Silben.
1. Zeile = 5 Silben,   2. Zeile = 7 Silben,   3. Zeile = 5 Silben

1 Überprüfe, ob beide Gedichte Haikus sind.
Zähle die Anzahl der Silben in jeder Zeile. Überprüfe den Inhalt.

Die schwarzen Schwalben

Nun dort in Reihe sitzen

Wie das so üblich

Kusadao

Sonnenwarmer Tag

Am Zaun des Frühlingsgartens

Hängt noch ein Fäustling

Alexandra von Marmu, 11 Jahre

2 Hier sind zwei Haikus vermischt.
Ein Haiku handelt vom Winter und das andere vom Frühling.
Schreibe die beiden Haikus richtig auf.

Es donnert und blitzt
Flocken fallen leicht
Schneemann lacht mit großem Mund
Gräser und Blumen schwanken
Naturgewalten
Winterwunderwelt

Heft 3, S. 50 ②
...

3 Zeichne Silbenbögen unter die Wörter
der Haikus von Aufgabe **2**.

Heft 3, S. 50 ③
Es donnert ...

8 Ein Haiku schreiben und präsentieren

1

Nun überprüfe ich nochmals die Silbenanzahl.

Thema: Wasser
Schöner alter Teich
Zwei Frösche springen hinein
Das Wasser plätschert

Thema: Feuer
5 Silben ____
7 Silben ____
5 Silben ____

2 Bereite eine Präsentation zu deinem Haiku vor.
Male dazu ein schönes Bild.
Lerne das Gedicht auswendig.

Ich habe ein Haiku zum Thema Wasser geschrieben, weil ich eine Wasserratte bin.

3 Stelle anderen Kindern dein Haiku vor.
Der Leitfaden auf Seite 9 hilft dir.

8 Nach einem Bauplan ein Gedicht schreiben

1 Finde zu einem Thema 3 Wörter und nummeriere sie.
Als 4. Wort schreibst du das Thema (mit Artikel) auf.

Heft 3, S. 52 ①
1. ...
2. ...

2 Setze deine Wörter in den Bauplan ein.
Schreibe das Wort **und** aus.

Heft 3, S. 52 ②
...

1. Wort

1. Wort und 2. Wort

2. Wort

2. Wort und 3. Wort

1. Wort

1. Wort und 3. Wort

1. Wort und 2. Wort und 3. Wort und

4. Wort (mit Artikel)

Das ist ein avenidas-Gedicht.

3 Lest euch gegenseitig eure Gedichte vor.

8 Ein Parallelgedicht schreiben

1 Übersetze das avenidas-Gedicht und schreibe es auf.

avenidas
avenidas y flores

flores
flores y mujeres

avenidas
avenidas y mujeres

avenidas y flores y mujeres y
un admirador

Eugen Gomringer

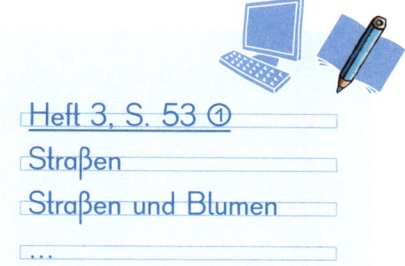

Heft 3, S. 53 ①
Straßen
Straßen und Blumen
...

avenidas	=	Straßen
y	=	und
flores	=	Blumen
mujeres	=	Frauen
un admirador	=	ein Bewunderer

Wenn ich Wörter eines Gedichts durch andere Wörter oder Bilder ersetze, entsteht ein **Parallelgedicht**.

2 Zeichne mit verschiedenen Farben den Bauplan des Gedichts von **1** in dein Heft.

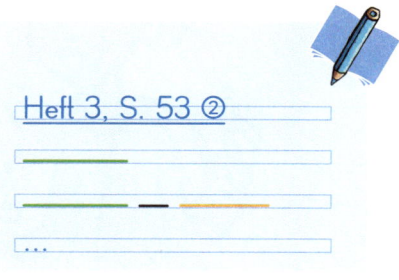

Heft 3, S. 53 ②

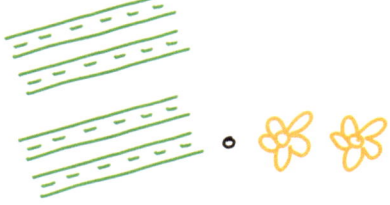 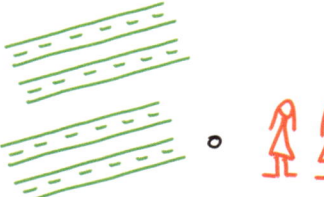

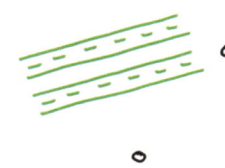   

> **Wörter** kann man **durch Geräusche ersetzen.**
> So entsteht ein **Geräuschegedicht.**

 **1** Probiert aus, welche Geräusche ihr erzeugen könnt.

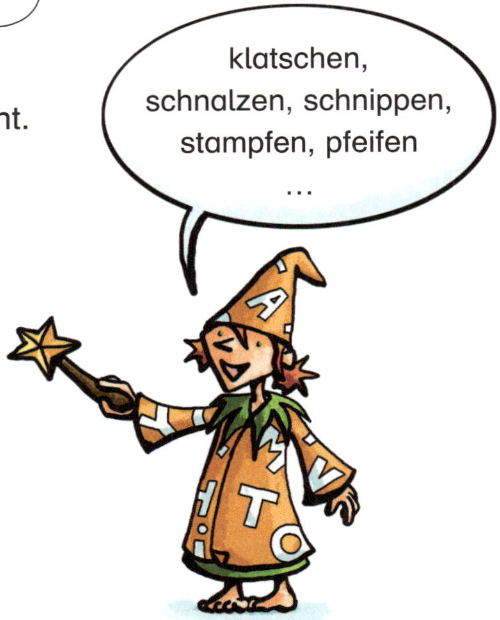

2 Nehmt den Bauplan auf Seite 53, Aufgabe **1**.
Bestimmt für jede Farbe ein Geräusch.
Probiert das Geräuschegedicht aus.

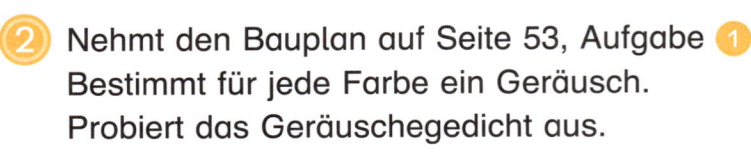

klatschen, schnalzen, schnippen, stampfen, pfeifen …

 **3**

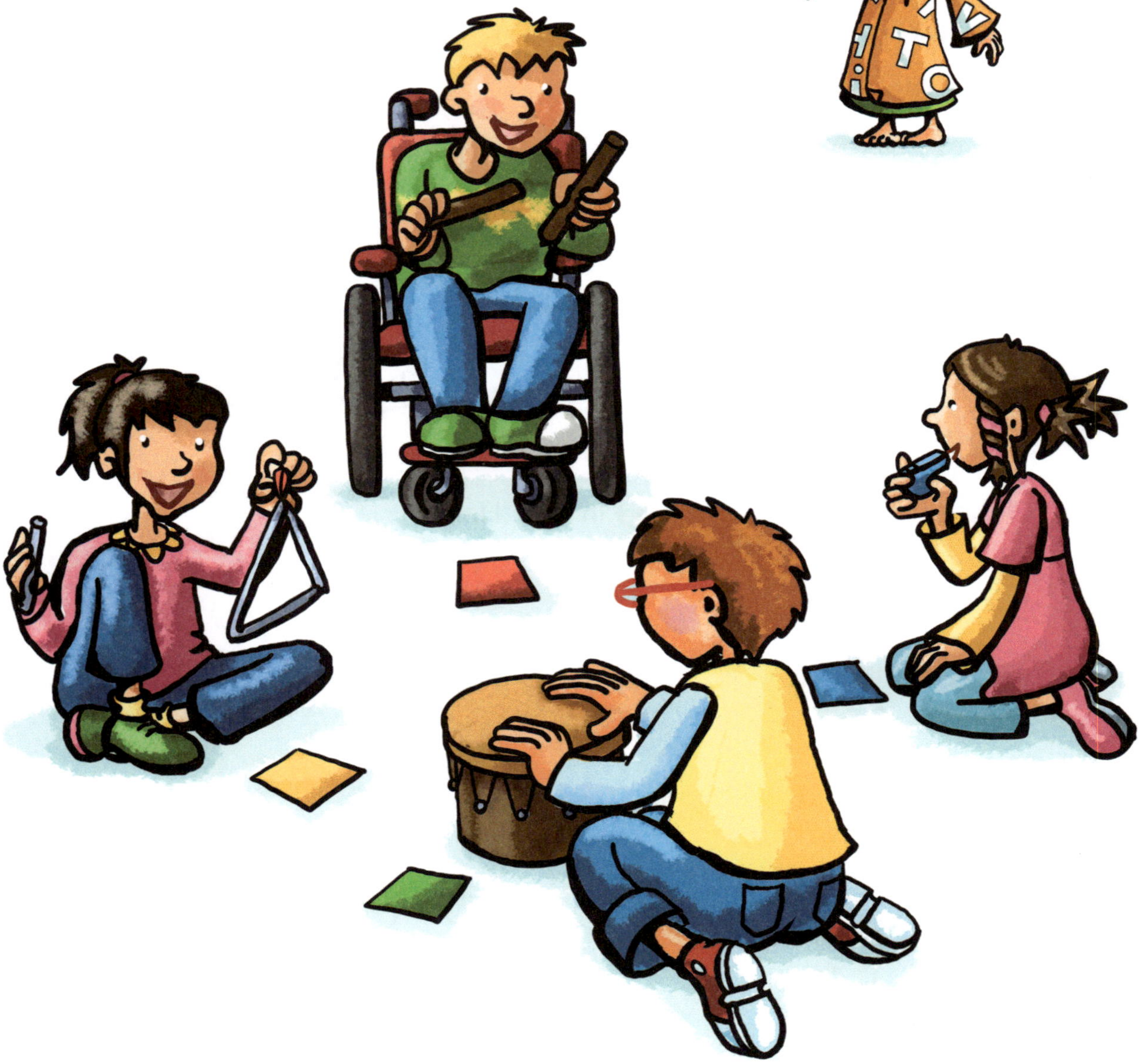

8 Über das eigene Lernen nachdenken

Ergänze deine Lernraupe.

… ein Haiku erkennen.

… ein Haiku schreiben.

… ein Haiku präsentieren.

… nach einem Bauplan ein Gedicht schreiben.

Sieh dein gelbes Heft noch einmal gründlich durch. Nutze alle Ideen aus den vergangenen Lernportionen.

… ein Parallelgedicht schreiben.

… ein Parallelgedicht mit Geräuschen entwickeln.

Themenheft 3
Texte planen und schreiben

Herausgegeben von:	Roland Bauer, Jutta Maurach
Erarbeitet von:	Katrin Baudendistel, Daniela Dreier-Kuzuhara
Auf der Grundlage der Ausgabe von:	Ursula Oswald
Fachliche Beratung exekutive Funktionen:	Dr. Sabine Kubesch, INSTITUT BILDUNG plus, im Auftrag des ZNL TransferZentrum für Neurowissenschaften und Lernen, Ulm
Begutachtung:	Katrin und Peter Bertram (Mühlenbeck), Angelika Fischer (Weiterstadt), Claudia Hoeschen (Kappeln), Ines Kewitz (Rastatt), Sybille Maier-Alvarez del Cid (Achern), Julia Schäfer (Gießen)
Redaktion:	Sabine Gerber, Mirjam Löwen
Illustration:	Yo Rühmer, Frankfurt am Main
Umschlaggestaltung:	Cornelia Gründer, agentur corngreen, Leipzig
Layout und technische Umsetzung:	lernsatz.de

fex steht für *Förderung exekutiver Funktionen*. Hierbei werden neueste Erkenntnisse der kognitiven Neurowissenschaft zum spielerischen Training exekutiver Funktionen für die Praxis nutzbar gemacht. **fex** wurde vom **ZNL TransferZentrum für Neurowissenschaften und Lernen** *(www.znl-ulm.de)* an der Universität Ulm gemeinsam mit der **Wehrfritz GmbH** *(www.wehrfritz.com)* ins Leben gerufen. Die Cornelsen Schulverlage haben in Kooperation mit dem ZNL ein Konzept für die Förderung exekutiver Funktionen im Unterrichtswerk *Einsterns Schwester* entwickelt.

www.cornelsen.de

1. Auflage, 2. Druck 2016

Alle Drucke dieser Auflage sind inhaltlich unverändert
und können im Unterricht nebeneinander verwendet werden.

© 2016 Cornelsen Schulverlage GmbH, Berlin

Druck: Firmengruppe APPL, aprinta Druck, Wemding

ISBN 978-3-06-083570-6

Dieses Heft ist Bestandteil des Pakets „Einsterns Schwester 3" (ISBN 978-3-06-083567-6)
und kann auch einzeln bestellt werden.

PEFC zertifiziert
Dieses Produkt stammt aus nachhaltig
bewirtschafteten Wäldern und kontrollierten
Quellen.
www.pefc.de

PEFC
PEFC/04-32-0928